Maurizio Cotti Piccinelli

DIARIO ESTIMO

appunti politicamente scorretti

Youcanprint *Self-Publishing*

Titolo | Diario Estimo

Autore | Maurizio Cotti Piccinelli

Mail cotti.piccinelli@libero.it

ISBN | 978-88-91193-30-8

Youcanprint Self-Publishing

Via Roma, 73 – 73039 Tricase (LE) – Italy

www.youcanprint.it

info@youcanprint.it

Facebook: facebook.com/youcanprint.it

Twitter: twitter.com/youcanprintit

Nel luglio del 2009 mi è capitato di leggere "Diario aperto" - nell'edizione francese "Journal extime" - del romanziere Michel Tournier.

Aveva pubblicato i suoi appunti di un anno. Non un diario intimo dedicato ai sentimenti, ma al contrario un diario "estimo" rivolto al mondo esterno, "all'immenso e informe magma dei fatti quotidiani" ed al suo modo di vederli.

Quasi involontariamente ho iniziato ad appuntare le notizie che per qualche motivo richiamavano la mia attenzione, per la maggior parte provenienti dalla lettura del Corriere della Sera.

Pur trattandosi di note sparse, qualche filo conduttore si può trovare: l'Europa, le zanzare, la resurrezione...

20 luglio 2009
Corsera

Sono trascorsi esattamente 40 anni dall'arrivo del primo uomo sulla Luna, il 20 luglio del 1969. All'impresa avevano partecipato 300.000 persone. L'età media dei tecnici era di 24 anni. L'ingegnere che da Houston aveva guidato l'allunaggio ne aveva 26. Sembrava un mondo fatto apposta per i giovani. Che non ci fossero limiti al progresso. E neppure alla felicità degli uomini.

Forse per questo il giornalista ricorda un fatto di cronaca avvenuto in quegli stessi giorni, l'assassinio senza motivi di Sharon Tate, moglie del regista Roman Polanski. Aveva 26 anni ed era al suo ottavo mese di gravidanza. L'assassino si chiamava Charles Manson, hippie drogato, ma anche autore di canzoni per i Beach Boys.

Si erano dovute ricercare a lungo quelle che potevano essere le cause di un gesto così dissonante: una madre prostituta, a lungo carcerata per reati gravi, che lo aveva partorito a 16 anni, senza un padre...

Nella dichiarazione finale del processo a suo carico Manson dichiarò: *"Ho passato la mia vita in carcere... ho fatto del mio meglio per tirare avanti nel vostro mondo. Ora volete uccidermi. Ma io sono già morto, lo sono stato per tutta la vita. Io sono il riflesso di ognuno di voi..."*. Il giudice, temendo l'impatto sui giurati, infranse la procedura e non autorizzò l'ascolto.

23 luglio 2009
Corsera

Josh Bazell, scrittore ebreo di San Francisco:
"Il rimorso del mondo per l'olocausto, cominciato nel secondo dopoguerra, è terminato... Per decenni il mondo, condizionato dall'olocausto, ha tenuto a freno il proprio naturale antisemitismo... La definizione stessa di ebreo che ne dà lo Stato di Israele è quella delle leggi razziali hitleriane. Ebreo è quello che in quegli anni sarebbe stato rastrellato dai nazisti, credente o ateo".

24 luglio 2009
Corsera

Un lettore chiede al Cardinal Martini: *"Lei crede che sia veramente avvenuta la resurrezione di Cristo?"* *"Ci credo fortemente... ho scritto i motivi su un libro parecchi anni fa... e non ho avuto motivi per cambiare idea".*

Una risposta come tante, senza neppure troppa enfasi.

Eppure è da tale risposta che è nata la nostra spiritualità, e buona parte della nostra civiltà.

Fa ancora parte dei nostri pensieri, dell'Occidente, della contemporaneità?

(Resurrezione 1)

15 agosto 2009

Rientro dalla visita in macchina di tre capitali mitteleuropee - Berlino, Varsavia e Praga - in soli sei giorni.

Bayreuth: il teatro di Wagner, il cuore dell'Europa continentale e della cultura che è sfociata nel nazismo.

Berlino: i resti del muro, il cui nome ufficiale dato dai russi era "barriera di protezione antifascista".

Potsdam: la foto dei vincitori della Seconda Guerra mondiale, sempre nel cuore dell'Europa, ma senza gli europei. Ci sono Stalin, Roosevelt e Churchill: un russo, un americano ed un europeo insulare.

L'Europa ha perso militarmente, e non solo. Produce pesanti errori, fascismo e comunismo, e cede il passo.

Ma una risposta sul perché ancora non se l'è data.

(Europa 1)

Il ventesimo secolo, che avrebbe dovuto essere il compimento della modernità illuminista, ne esce male. La seconda guerra mondiale con 60 milioni di morti è catalogata come l'evento più sanguinoso della storia. E se invece di un singolo evento si estrapola una ideologia, è il comunismo a finire in testa alla lista con quasi 100 milioni di morti. Le vittime negli anfiteatri romani sono valutate 2 milioni, i sacrifici degli aztechi 1 milione, i roghi degli eretici 20.000.
(Europa 2)

Un titolo in fondo alla pagina della cronaca: "Muore un giovane di vent'anni per overdose". Cui seguono solo poche righe - dove è successo e chi l'ha ritrovato – senza neppure una parola su chi fosse. Eppure si tratta di una tragedia senza pari.
Forse per rimediare ricupero un ritaglio di giornale che avevo conservato, di quando era stata considerata notizia. La Stampa, aprile 1990: *"Un gesto così stupido, come bucarsi una vena, diventava la nostra maniera di riconoscersi in qualcosa, in una identità forzata che*

aiutasse a non morire dentro. Non uno di noi, ad essere sincero, avrebbe potuto negare la propria intima disperazione. Il dolore era sempre l'ultimo compagno della tua giornata, quando tornavi a casa, quando ti toglievi la maschera e l'angoscia si impossessava di te. Poi la notte, l'astinenza, il delirio e l'alito caldo della tua donna che asciuga le lacrime e deterge il sudore. Il freddo dell'anima. Mi sono sempre domandato quale fosse il sottile filo che ci legava in quel perfido gioco al massacro. Forse una sensibilità non comune, o forse un egoismo che affondava le sue radici nella rinuncia ai doveri verso chi ci ama. Era sempre troppo tardi per riconoscere la strada che ci riportasse alla ragione. Troppo tardi per illuminare gli abissi della coscienza. Era sempre troppo tardi." Pagine di autoconfessione - commentava il giornalista - mascherate nella forma di racconto, scritte solo qualche mese prima dell'ultima overdose di Gianni, ma che sembravano già uscire dalla sua morte.

Non si può ingannare la felicità, la cui funzione è quella di bussola per riconoscere il cammino della vita. Se la bussola viene manomessa si finisce per perdere la strada, la felicità, e la vita stessa. Ma la mia è stata una generazione ambigua sull'argomento. Non sa dare vere risposte.

27 agosto 2009
Corsera

E' stato venduto all'asta negli USA l'abito di un attore di Hollywood per 20.000 dollari, mentre il guanto bianco sinistro di Michel Jackson sarà prossimamente messo all'asta con la valutazione base di 200.000 dollari. E' stata invece considerata eccentrica la mia scelta di acquistare la reliquia "ex indumentis" di Giovanni Paolo II. Per la religione cattolica la reliquia è il terzo livello della devozione, dopo la comunione e la parola di Gesù.

30 agosto 2009
film su RAI 3 "Cento chiodi" di Ermanno Olmi

Mi ha sempre incuriosito il fatto che i giudizi, anche politici, di mia madre siano risultati sovente più corretti di quelli di buona parte degli intellettuali della nostra epoca. Una risposta elegante l'ho trovata nella battuta centrale del protagonista del film di Olmi, un intellettuale che inchioda al pavimento cento importanti libri antichi, e dice: *"Cento libri non valgono un caffè"*.
Intendeva forse che, utilizzando eccessivamente la ragione, si finisce per inibire una gran massa di

conoscenza naturale, quasi sempre conservata e convogliata dalla religione.

Ricerco altre espressioni dello stesso concetto.

"In quel tempo Gesù, rispondendo, disse*: <Io ti glorifico, Padre, perché hai nascosto queste cose ai sapienti ed agli intelligenti, e le hai rivolte ai piccoli >*".

Alexander Grothendieck, ebreo ed anarchico, vincitore nel 1966 della medaglia Field per la matematica proprio mentre tiene lezioni ad Hanoi, sotto le bombe, per protesta contro la guerra del Vietnam: *"Nella nostra conoscenza delle cose dell'Universo (che siano matematiche o meno), il nostro potere di innovazione non è altro che l'innocenza. E' l'innocenza originale, che tutti abbiamo ricevuto in sorte alla nascita e che riposa in ciascuno di noi, oggetto spesso del nostro disprezzo, e delle nostre pene più segrete. Essa solo riunisce in sé l'umiltà e l'audacia che ci fanno penetrare al cuore delle cose"*.

12 settembre 2009
Le Scienze

Gli entomologi della Università dell'Arizona hanno realizzato una zanzara geneticamente modificata incapace di trasmettere la malaria agli esseri umani. La speranza è di riuscire a conferire a queste zanzare GM sufficienti vantaggi che le portino a soppiantare nel tempo le popolazioni naturali. Sarebbe il più grande successo medico scientifico di tutta la storia: salvare 250 milioni di infettati ogni anno, di cui un milione muore.

Ricupero il "National Geografic" del luglio 2007.

La zanzara arriva di notte, si posa su un'area di cute esposta e affonda nella pelle l'organo boccale, formato da lamelle taglienti, tubo aspirante e due minuscole pompe. Perfora l'epidermide, penetra nella rete dei micro capillari, e a questo punto incomincia a bere sangue. Poi per impedirne la coagulazione bagna l'area della puntura con un getto di saliva. Ed è il momento fatidico. Perché nella saliva sono presenti i plasmodi, parassiti monocellulari, che percorrono il corso del torrente circolatorio fino ad arrivare al fegato, dove ciascun plasmodio penetra una diversa cellula epatica. Nel frattempo la persona continua a dormire. E ancora per un paio di settimane nulla le farà immaginare che nel suo organismo sta accadendo una cosa spaventosa: il parassita si moltiplica esponenzialmente in miliardi di parassiti. Compare la sudorazione ed il freddo, la febbre raggiunge la massima intensità. L'organismo si sta surriscaldando a morte, tutto pur di bloccare l'attacco.

Il killer è la zanzara femmina Anopheles, l'unico animale capace di trasmettere la malaria all'uomo. Ci accompagna da prima ancora che il nostro genere diventasse umano, e si ritiene che di tutti gli esseri

umani mai vissuti, uno su due sia morto di malaria. E'
quindi il più grande nemico dell'uomo.

Il primo farmaco di difesa fu trovato in Perù, dalla
corteccia "quina-quina", il chinino. Poi negli anni 40 fu
scoperto il DDT, che fruttò il Premio Nobel per la
medicina. Era in grado di uccidere le zanzare per mesi,
il tempo sufficiente ad interrompere il ciclo della
trasmissione malarica. La sfida poteva essere vinta e
l'OMS la affrontò con 1 miliardo di dollari, migliaia di
tonnellate di DDT e 150.000 persone a tempo pieno.
Quando il successo finale era vicino, e la zanzara
Anopheles era ormai scomparsa da molte regioni del
mondo, si scoprì che il DDT era inquinante. Tra grandi
polemiche l'uso venne proibito. La Anopheles aveva di
nuovo vinto e negli anni '90 il numero di persone
colpite da malaria ritorna al massimo storico.

La ricerca si sposta allora sul vaccino e nel 1984 il New
York Times annuncia che una azienda, la Sanaria, lo
aveva prodotto. Il suo fondatore era così sicuro della
efficacia da sperimentarlo su se stesso, esponendosi a
zanzare infettate qualche giorno prima di partire per il
convegno medico dove avrebbe dato il trionfale
annuncio. Il mattino del convegno era però scosso da
brividi di febbre.

(Zanzare 1)

Bizzarrie. Olimpiadi di Berlino del 1936. Dichiarazioni di Jesse Owens, vincitore di quattro medaglie d'oro nei 100 e 200 metri, salto in lungo e staffetta: *"Quando passai, il Cancelliere (Hitler) si alzò in piedi, mi salutò con la mano ed io risposi al suo saluto"*. Aggiunse che a fargli uno sgarbo era stato semmai il Presidente Roosevelt che non gli aveva mandato nemmeno un telegramma. In altra occasione ricordò che mentre in Germania aveva vissuto in albergo insieme agli altri atleti e a tutte le autorità, al suo ritorno in America, a causa della segregazione razziale, aveva dovuto riprendere ad entrare negli alberghi dalla porta posteriore.

Bizzarrie. Anche il Partito Democratico partecipa ai festeggiamenti per il ventesimo anniversario della caduta del muro di Berlino, commemorando con una targa la cosiddetta "svolta della Bolognina". Dimentica - ma come può dimenticarlo? - che tale "svolta", che decreta la fine del Partito Comunista Italiano, avviene tre giorni dopo la caduta del muro di Berlino, la fine del comunismo mondiale. E che quindi al momento della caduta del muro si trovavano dall'altra parte. Festeggiano la loro sconfitta!

28 novembre 2009
Corsera

Con la richiesta di assoluzione dall'accusa di omicidio nei confronti del padre, che aveva interrotto l'alimentazione artificiale alla figlia Eluana da 17 anni in coma, si conclude il caso Englaro.

Mi rimangono, tra tutte, le parole del filosofo Giovanni Reale: *"La vita di Eluana era artificiale ed il metodo aberrante. Ma non è eutanasia: non viene detto <fammi morire> ma <lasciami morire>"*. Ricorda che quando Socrate deve bere la cicuta, qualcuno gli suggerisce di attendere: *"Ma mi pare che il sole sia ancora sui monti e che non sia già tramontato. Io poi so di alcuni che lo hanno bevuto tardi, molto tempo dopo che era stato dato loro l'annuncio"*. E Socrate: *"E' naturale, o Critone, che quelli di cui parli facciano così: infatti credono di guadagnare facendo così. Ed è anche naturale che io non voglia fare così: infatti io credo di non guadagnare niente, bevendo il veleno un po' più tardi, se non rendermi ridicolo ai miei stessi occhi, aggrappandomi alla vita, e cercando di risparmiarne quando non c'è più"*.

Ritorno da Sanaa e dall'isola di Socotra.

I numeri dello Yemen: su 20 milioni di abitanti 50 milioni di armi, il 90% degli uomini ed il 50% delle donne mastica una droga - il qat - che è lasciata libera, il 30% della popolazione dipende dalla economia del qat ed il 30% dell'acqua è utilizzata per coltivare il qat.

La sera si vedevano i mig che tornavano dalle operazioni al nord contro le formazioni di Al Qaeda.

Al largo dello Yemen e della Somalia visitiamo Socotra, un'isola di pirati e di meraviglie naturali, con pescatori sulle coste e beduini sulle montagne.

12 dicembre 2009

Come ogni anno, esattamente da quarant'anni, e quindi per l'intero percorso della mia generazione, tutti i media ricordano la Strage di Piazza Fontana.

Io frequentavo allora l'internato di psicologia all'Università Statale, il più avanzato centro di controcultura dell'epoca. Quel giorno, venerdì 12 dicembre 1969, ero seduto accanto ad un amico anarchico. Poco prima della fine della lezione, verso le 14, entra in aula Valitutti, altro noto anarchico, molto agitato, che lo chiama e se ne va con lui di gran fretta. Verso le 17 esco per dirigermi verso Piazza Duomo e trovo un assembramento. E' scoppiata una caldaia, mi dice il primo. Ma subito dopo si scopre la tragedia. Era una bomba, scoppiata esattamente alle 16.30. Quella che avrebbe condizionato per anni il nostro modo di pensare, il paradigma politico di una generazione. Il processo stabilì che gli anarchici erano effettivamente al corrente dell'esplosione fin dal mattino.

E' uscito un nuovo libro, l'ennesimo su Piazza Fontana: "Il segreto di Piazza Fontana" di Paolo Cucchiarelli, 700 pagine.

La tesi è fantasiosa: che alla Banca dell'Agricoltura le bombe messe furono due, una dimostrativa, come le precedenti di quell'anno, ed una seconda più potente, che voleva far alzare il livello dello scontro. Ma la valutazione finale è verosimile: che nessuno fu condannato perché tutti - anarchici, fascisti e servizi segreti - erano in qualche misura colpevoli, e si proteggevano a vicenda.

15 dicembre 2009
Corsera

Dall'articolo di Armando Torno "L'occidente e la verità".

A Ponzio Pilato, prefetto romano della Giudea, uomo concreto e deciso, capitò di incrociare Gesù. I due arrivarono a scambiarsi alcune considerazioni, che per secoli verranno commentate senza posa, fino alle parole cruciali: *"Tu dici che sei re"* *"Tu lo dici. Per questo sono nato e sono venuto al mondo: per dare testimonianza della verità. Chiunque è della verità ascolta la mia voce"* E Pilato: *"Cosa è la verità?"*

E quella parola - verità - con la quale si tronca la scena, ci mostra due personaggi distanti, opposti, che si sono incontrati nel momento decisivo della storia dell'occidente. E tutto si è concentrato in una parola - verità - diversa per i romani, per i greci e per gli ebrei. E per Gesù, la cui vita era la risposta.

8 gennaio 2010
telegiornale

Muore a 93 anni l'ultimo sopravvissuto al doppio olocausto atomico di Hiroshima e Nagasaki.

Ricerco la descrizione dello scoppio della prima bomba atomica sperimentale, il 16 luglio 1945 in un deserto del Nuovo Messico: *"Fino ad allora l'uomo non aveva mai provocato un fenomeno di un potere tanto terribile. Gli effetti luminosi sono indescrivibili; tutta la zona venne illuminata da una luce abbagliante, di intensità molte volte superiore a quella solare. Essa era d'oro, porpora, viola, grigia e blu. Illuminava ogni cosa, ogni crepaccio della vicina catena di monti. Era quella bellezza di cui sognano i grandi poeti, ma che non riescono a descrivere altro che in maniera povera e inadeguata. Trenta secondi più tardi si udì l'esplosione e la spinta dell'aria si fece sentire come una forza contro uomini e cose, seguita immediatamente da un boato lungo, intenso, terribile che ci ricordò il giorno del giudizio e che ci fece sentire come noi, minuscoli esseri bestemmiassimo ad osare di intrometterci nelle forze fin qui riservate all'onnipotente".* (tratto dalla relazione del Ministro della guerra americano)

Com'era potuto succedere che l'uomo moderno e scientifico avesse prodotto una cosa così diabolica? Per avere la risposta bisogna tornare indietro di quattro anni. Nel 1941, nella Danimarca occupata dai nazisti, due grandi fisici atomici si incontrano per parlare della bomba. Ma non si capiscono. Il tedesco Werner Heisenberg, premio Nobel nel 1932, sostenne di essere andato a promettere che gli scienziati nazisti non avrebbero costruito la bomba, e chiedere agli alleati di fare lo stesso. Il danese Niels Bohr, premio Nobel nel 1922, sostenne invece di aver capito l'esatto contrario, e si precipitò subito a Los Alamos a collaborare con gli statunitensi. Si dice che in quel colloquio la scienza abbia perso la sua verginità.

Claudio Magris commenta un romanzo del 1933 di Miguel de Unamuno: "San Manuel Bueno Martire".

Un romanzo che racconta di un parroco di un piccolo paese spagnolo di montagna, Don Manuel, che non credeva nella resurrezione di Gesù, ma aveva con la sua comunità un rapporto veramente evangelico di vita vera. Ma quando, durante la messa, canta il credo con la sua gente, arrivati alla professione di fede *"nella resurrezione della carne"*, la sua voce si perde nel coro, perché egli tace, incapace di credere in quella immortalità. La sua vita e l'azione pastorale si imperniano sulla necessità di risparmiare i fedeli dalla devastante scoperta che non c'è resurrezione individuale, che il pugnale della morte non si è spuntato, come diceva San Paolo, ma continua a trafiggere.

Egli è un uomo moderno angosciato, che non riesce più a far propria la risposta cristiana, ma riesce ad inciderla nel cuore dei suoi fedeli con una dedizione che fa di lui un martire.

(Resurrezione 2)

Un articolo riassume i numeri del caso Murdoc, la più grande truffa finanziaria della storia: 5.000 vittime e 65 miliardi di dollari persi.

Ancora una volta incriminato è lo schema Ponzi, più familiarmente "catena di sant'Antonio". Ma ancora una volta non si dà motivo della potenza di tale schema. Il motivo è lo stesso per cui in aritmetica alla serie di moltiplicazioni si dà il nome di potenza: perché la mente (come quella del Re della favola che promette un chicco per ogni casella della dama) non sa percepirle, e viene indotta in errore. Nella catena ciò comporta che la possibilità di cooptazione di nuovi aderenti, essendo esponenziale, si esaurisce presto, facendo guadagnare solo chi inizia.

Ed in più l'inganno matematico è rafforzato da un fattore psicologico: il forte istinto a seguire la strada verso cui si dirigono in molti.

L'esito è un fenomeno incontrastabile, presente non solo nelle truffe ma anche in usuali eventi economici, compreso quelli che gli economisti chiamano bolle.

Il meccanismo è unico: i primi, gli insiders, guadagnano, gli altri perdono, sempre. E con le moderne tecnologie anche dopo pochi secondi dall'inizio. Anche la difesa è unica: operare senza leggere troppe notizie.

Esce il libro "Diario di una amicizia", che contiene le lettere tra Dusia Poltawska, psichiatra infantile sottoposta ad esperimenti medici nel lager nazista di Ravensbruck, e Carol Wojtyla, la storia di una amicizia durata 50 anni.

Il 20 settembre 1978, appena eletto Papa, Wojtyla le scrive: "*Mia carissima Dusia. Capisci che, in tutto questo penso a te. Da oltre 20 anni, da quando Andrej (il marito) mi disse per la prima volta < Duska è stata a Ravensbruck > è nata nella mia consapevolezza la convinzione che Dio mi dava e mi assegnava a te, affinché, in un certo senso, io "compensassi" quello che avevi sofferto li. E ho pensato: lei ha sofferto al mio posto*".

E' il segreto della missione di Wojtyla e della sua religiosità profonda. A chi gli chiese perché si è fatto prete aveva risposto: "*Perché di fronte all'immensità del male si poteva scegliere solo l'immensità del bene*". Quando nel 1962 Dusia si ammala di tumore, Wojtyla scrive a Padre Pio. E la donna guarisce. Dusia alla fine del suo libro scrive: "*Prima della morte ormai imminente del Santo Padre gli chiesi se dovevo bruciare queste annotazioni. Mi rispose: <Sarebbe un peccato>*".

24 gennaio 2010
radio

Secondo uno studio che ha combinato vari parametri - meteorologici, economici, alimentari e lontananza dalle feste - il 24 gennaio risulterebbe essere il giorno più triste dell'anno.

Probabilmente lo sarebbe stato il giorno di Carnevale se, proprio come rimedio per l'eccessiva tristezza, non l'avessero fatto diventare festa.

25 gennaio 2010
"Dalla montagna sacra" di William Dalrymple

L'autore del libro ripercorre lo stesso itinerario descritto un millennio e mezzo prima da un monaco bizantino, visitando i luoghi ormai distrutti di quel mondo cristiano orientale dove gli stiliti predicavano dalle colonne, e i corpi non avevano importanza, perché lo spirito era tutto.

Un personaggio di quel mondo era stato San Giovanni Damasceno. Arabo cristiano, era nipote dell'ultimo governatore bizantino della città di Damasco, negli anni che ne avevano preceduto la conquista da parte dell'esercito musulmano.

Convinto di avere avuto troppi privilegi, per curare la propria anima si ritirò nel monastero bizantino di Mar

Saba, in Cisgiordania. E per trent'anni visse in una grotta minuscola, ancora esistente, con il soffitto così basso che era impossibile stare in piedi.

A chi gli chiedeva spiegazioni rispondeva che *"Era molto umiliante, ma perfetto per l'anima"*. In tale grotta scrisse infatti un libro che difendeva l'arte religiosa - invisa sia all'Islam che all'Ebraismo - di tale raffinatezza da diventarne un baluardo.

Senza tale libro l'arte sacra non sarebbe infatti sopravvissuta, ed i pittori greci non avrebbero potuto trasmettere i loro segreti a Giotto ed ai Senesi, ed il corso del Rinascimento, come lo conosciamo, forse non ci sarebbe stato.

Il corpo di San Giovanni Damasceno giaceva in una piccola cella del suo monastero di Mar Saba, prima che i crociati lo rubassero per portarlo a Venezia.

27 gennaio 2010
Corsera

Bizzarrie. Come ogni anno i media celebrano il giorno della memoria, cioè il giorno dell'abbattimento dei cancelli di Auschwitz da parte dell'Armata Rossa. Nell'occasione viene intervistato l'ambasciatore di Israele in Italia: *"La lezione della Shoah è che gli ebrei dovessero avere il loro Stato"*. Sia l'intervistatore che l'intervistato non paiono rendersi conto della contraddizione. Si tratta di una affermazione che contemporaneamente implica che l'Europa non era il loro Stato, e che uno Stato è bene che si fondi su una etnia-religione, dando così doppiamente ragione all'antiebraismo europeo che sosteneva le stesse tesi.

Ora le parti si sono invertite e l'Europa è ostentatamente multietnica e multireligiosa.

30 gennaio 2010
radio

Bizzarrie. Si calcola che nella Russia di oggi siano presenti 10.000 miliardari. Il numero casualmente coincide con quello dei funzionari del precedente Partito Comunista. Ma anche con quello della corte dei Romanov.

2 febbraio 2010
Corsera

Serie di notizie sulla mafia.

A pagina 8 - Di Pietro: pubblicata una sua foto insieme con Contrada, numero tre del Sisde poi arrestato per mafia, generali e altri uomini dei Servizi. La foto è del 15 dicembre 1992, il giorno successivo alla firma dell'avviso di garanzia a Craxi.

A pagina 9 - Ciancimino Junior: *"Mio padre investì nel progetto di Milano 2 di Silvio Berlusconi... Marcello Dell'Utri prese il posto di mio padre nella trattativa mafia-stato"*.

A pagina 10 - Sgarbi: *"Mi dimetto da Sindaco di Salemi... in Sicilia non si può fare nulla senza infangarsi... L'antimafia è peggio della mafia"*.

Nella pagina sportiva - Guariniello, PM di Torino che indaga sul doping nello sport: *"E' più facile trovare pentiti di mafia che di calcio"*.

6 febbraio 2010
Corsera

Benedetto XVI inaugura l'anno giudiziario della Rota Romana. Ricorda ai giudici che quello che la Rota deve accertare ai fini dell'annullamento è la verità sul matrimonio che nasce, e non deve riguardare la felicità successiva. Osservo che lo Stato, con il divorzio, si è preso invece il compito di accertare la verità del matrimonio che muore, quello infelice.

E' pericolosamente fallita l'attesa assemblea internazionale di Copenaghen sulle variazioni climatiche, "climate change" o "global warming". Un commentatore osserva che la dichiarazione finale di Barak Obama, che solo pochi mesi prima aveva ricevuto il premio Nobel per il suo impegno la pace, era totalmente priva di impegni, e con contenuti non superiori a quello che sostenevano i nostri nonni, che vengono testualmente citati: *"temp e cù fan quel che voren lù !"*.

Come non bastasse anche l'IPCC, il comitato tecnico dell'ONU costituito appositamente per lo studio dei cambiamenti climatici, anch'esso gratificato del premio Nobel per la pace proprio per tali studi, è sospettato di averli forniti sbagliati.

I partecipanti ad un dibattito radiofonico ripercorrono la storia della legge Basaglia, quella che sancì la chiusura dei manicomi. Qualcuno ricorda che l'ispirazione iniziale venne a Basaglia dalla vista di un cavallo di cartapesta che, aperta una breccia nel muro di cinta dell'ospedale psichiatrico di Trieste, nel febbraio del 1973, fu portato in corteo per le vie della città con seicento pazienti a seguito.

Nessuno ricorda un fatto ancora più lontano, e ancor più strettamente legato agli anni sessanta. In un vecchio teatro di Londra si tenevano nel 1965 dei "reading" di poesie strane, alternative, alla presenza di poche decine di persone. Una sera, in maniera totalmente inattesa, ne arrivarono 7.000, e fu simbolicamente l'inizio della "controcultura" in Europa. E quella sera, attorniato dai poeti della beat generation, era presente lo psichiatra Ronald Laing, futuro fondatore dell' antipsichiatria, con un folto gruppo di suoi pazienti.

Di Laing ritrovo un brano che mi ero appuntato: "*Aveva dieci anni ed era affetto da idrocefalia, un piccolo tumore inoperabile delle dimensioni di un pisello, proprio al punto giusto per arrestare il deflusso nella testa del liquido cerebro-spinale, il che era come dire che aveva dell'acqua nel cervello che gli faceva scoppiare la testa, tanto che il cervello si riduceva sempre di più ad un sottile strato esterno. Soffriva senza rimedio... Aveva cominciato a leggere <Il circolo Pickwick>. Mi disse che tutto quello che chiedeva a Dio era che gli fosse consentito di finire questo libro prima di morire. Morì prima di arrivare a metà*".

26 febbraio 2010

Leggo, riportate da un testo di fisica, le conclusioni che nel 2002 l'Accademia delle Scienze della Repubblica Popolare della Cina aveva tratto sull'Occidente: *"Una delle cose che ci è stato chiesto di investigare era che cosa spiegasse la superiorità dell'Occidente su tutto il mondo. Abbiamo studiato tutto ciò che era possibile dal punto di vista storico, politico, economico e culturale. Inizialmente abbiamo pensato che la causa fosse che avevate cannoni più potenti. Poi ci siamo concentrati sul vostro sistema economico... Ma negli ultimi 20 anni abbiamo compreso che il cuore della vostra cultura è la vostra religione: il cristianesimo".*

La Cina ha agevolmente capito quello che gli Europei hanno dimenticato. E farà parte della sfida.

19 marzo 2010
Corsera

L'invasione dei narcos: 500.000 messicani portano ogni giorno la droga a 30 milioni di tossicodipendenti americani che la chiedono. E ogni giorno, sempre negli USA, 30 milioni di americani, non necessariamente gli stessi, accedono ai siti porno. Svago o crisi di civiltà?

Dall'articolo di Galli Della Loggia "La nuova Italia anticristiana": *"Il senso comune italiano sta diventando anticristiano, anche se per ora preferisce nascondersi dietro le critiche alle colpe o ai ritardi: anticoncezionali, antiscientismo, pedofilia, celibato, banca vaticana, ecc. Tra le cause vi è l'ingenuità modernista e l'ignoranza della storia. Ma in più il cinismo di chi, sentendo predicare il bene, sospetta subito il male. Non si riesce più a credere in alcuna cosa che cerchi la luce e tenga lo sguardo rivolto in alto."*

20 marzo 2010
equinozio

E' l'inizio della primavera. Daniela pulisce i vetri mentre entra il primo sole.

Michel Tournier, dal suo "Diario Estimo": *"La primavera mi fa scoprire una nuova occupazione che potrebbe facilmente trasformarsi in una mania. Lucidare i vetri delle finestre. Ci trovo una grande soddisfazione morale. I vetri sono, con ogni evidenza, la coscienza della casa. Vetri limpidi, coscienza pura..."*

Alle 13 e 6 minuti, dopo tre false partenze, ha cominciato a funzionare l'LHC (Large Hadron Collider) di Ginevra, gioiello scientifico europeo ideato dal premio Nobel Rubbia. Due fasci di protoni, spinti da magneti congelati alla temperatura di 271 gradi sotto lo zero, si sono scontrati ad una velocità vicina a quella della luce. Lo scontro ha frantumato i protoni, permettendone lo studio dei frammenti. E poiché tali frammenti sono gli stessi che erano presenti nei primi istanti di vita dell'universo, permettendo anche uno sguardo sulla sua origine.

Tra di essi si dovrebbe trovare anche la particella prevista fin dal 1964 dal fisico teorico Higgs, che da lui prende giustamente il nome. Per attrarre l'interesse su tali argomenti è però divulgata come *"particella di Dio... un passo decisivo verso la teoria del Tutto"*, fingendo di dimenticare che Dio e Tutto, oltre ad essere molto simili, sono esattamente i due concetti cui la scienza non ha accesso.

Ancora polemiche in occasione dell'anniversario di San Simonino martire, (ex) Patrono di Trento.

Secondo una credenza popolare fu rapito ed ucciso nel 1475 da un gruppo di ebrei al fine di raccogliere il sangue per la Pasqua. A seguito dell'apertura al dialogo interreligioso promosso dal Concilio Vaticano II ne viene soppresso il culto, e le reliquie nascoste dal Vescovo.

Nel 2007 lo storico Ariel Toaf, figlio del rabbino di Roma, nel libro "Pasque di sangue", sostiene che sia verosimile che il fatto sia realmente accaduto: l'avversione di alcuni gruppi di ebrei medioevali per i cristiani era così estrema da rendere credibili anche le accuse di omicidio rituale. Un Comitato richiede almeno la restituzione delle reliquie.

Arrivo a Delfi, luogo simbolo della cultura occidentale, interesse principale del viaggio in Grecia. Ma a causa della Pasqua contemporanea di cattolici ed ortodossi è tutto chiuso, compreso l'accesso all'oracolo.

Mi interesso di chi è colpevole di aver fissato la data di Pasqua proprio in quel giorno: "La data della Pasqua fu fissata nel 325 dal Concilio di Nicea, che indicò la prima domenica che segue la nuova luna di primavera. L'indicazione concreta era affidata, a pagamento, al calcolo degli alessandrini della Chiesa di Oriente. Che però spesso la fornivano in ritardo o sbagliata. Tant'è che ancora nel VIII secolo ci si lamentava della confusione passata, e che in alcuni anni, per controversie o ritardi, si fosse festeggiata la Pasqua due volte. Per rimediare al tutto il monaco Dionigi il Piccolo, matematico ed astronomo, fu incaricato di calcolare anticipatamente le date della Pasqua per tutti gli anni successivi al 525. Già che studiava le date pasquali, a Dionigi fu chiesto di fissare anche quella della nascita di Cristo, cioè la moderna cronologia. Che fu altrettanto laborioso: Clemente Alessandrino sosteneva che la nascita fosse avvenuta il 20 maggio. Per San Cipriano il 28 marzo, Sant'Ippolito il 2 aprile. Alla fine, per comodità liturgica, l'accordo si trovò per il 25 dicembre, in coincidenza con il solstizio e con la festa del sole invitto. Anche Sant'Agostino fu d'accordo, e così rimase".

E' Pasqua e tutti in Grecia, nei cortili delle case e nei ristoranti, mangiano l'agnello. Letteralmente per i fedeli e simbolicamente per tutti si celebra il risveglio della natura, il cortocircuito tra vita e morte, la resurrezione della vita dalla morte. Un concetto che

ricorda la frase conclusiva della principale opera di Darwin sulla evoluzione: *"Così, dalla guerra della natura, dalla carestia e dalla morte, direttamente deriva il più alto risultato che si possa concepire, la produzione di animali superiori (l'uomo)"*. (Resurrezione 3)
Visito l'Acropoli, dove Fedro colloquiava con Socrate.
Fedro: *"Va bene. Ma andiamocene. Già la calura è diventata più mite"*
Socrate: *"Non pregheremo prima di avviarci?"*
Fedro: *"Sicuro"*
Socrate: *"O caro Pan, e quanti altri Dei qui dimorate, fate che io sia bello di dentro. Che io ritenga ricco chi è sapiente, e che di denaro io ne possegga solo quanto non ne può prendere e portare altri che il saggio. Dobbiamo chiedere altro, Fedro? Per me ho chiesto abbastanza"*
Fedro: *"Associa anche me in questa preghiera, perché i beni degli amici sono comuni"*
Socrate: *"Andiamo"*.

10 aprile 2010
telegiornale

Ore 8.56, a Smolensk, pochi chilometri dalle foreste di Katyn, si schianta l'aereo di Stato polacco con a bordo 97 persone, tra cui il Presidente della Repubblica e l'intero governo.

Dovevano partecipare alla commemorazione della strage di 20.000 ufficiali, professori e preti - l'intera classe dirigente polacca - catturati e uccisi dai russi nel 1940, poco dopo l'occupazione della Polonia, proprio in quelle foreste di Katyn.

La strage, la prima della seconda guerra mondiale, venne però attribuita ai nazisti, e tutto l'Occidente, fino alla caduta del Muro di Berlino, dovette fingere di crederci. Perché si trattava di un evento che non poteva letteralmente esistere, essendo incompatibile con la successiva storiografia di mezzo secolo. Quella che descriveva l'armata rossa come l'esercito liberatore, la seconda guerra mondiale come lo scontro tra Hitler e le democrazie, e guerra "fredda" la sua continuazione, nonostante i 20 milioni di morti.

All'origine dello schianto le pressioni del Presidente polacco per l'atterraggio nonostante la nebbia, per non compromettere il primo riconoscimento dopo una attesa di 70 anni.

(Europa 3)

10 aprile 2010
Corsera

Si celebra la giornata mondiale dell'omeopatia, promossa dalla Federazione Medici Omeopatici. Curiosamente esiste una Federazione per una medicina senza efficacia. Ma con pazienti in costante crescita: in Europa 100 milioni di consumatori ed un fatturato di un miliardo di Euro. Forse per questo nel 1992 l'Ordine dei Medici l'ha riconosciuta come disciplina complementare, atto medico.

Faccia a faccia tra il presidente dell'azienda leader nella vendita di farmaci omeopatici, Boiron, e Garattini, fondatore dell'Istituto Scientifico Mario Negri:

B. *"Nessuna idea che possa durare oltre due secoli può essere considerata inefficace"*

G. *"L'efficacia dell' omeopatia è già stata contraddetta dal numero di Avogadro: quando si supera una certa diluizione non è più presente alcuna molecola. L'assenza di principi attivi rende i farmaci omeopatici simili ad acqua fresca"*

B. *"La scelta del farmaco dipende dalle reazioni individuali alla malattia, anche mentali. Inoltre non ha alcun danno collaterale"*

G. *"La controindicazione alla medicina omeopatica è principalmente la sua inefficacia. Nessuno prende un farmaco perché non faccia male"*.

La struttura del dialogo è interessante, pressoché identica a quella tra scienza e fede. Lascia però irrisolto il problema pratico di come può essere lecito che farmaci inesistenti - acqua fresca - generino enormi utili a società per azioni grazie al marchio di garanzia medico.

In una intervista sui fondamenti dell'Europa viene richiesta al filosofo francese Michel Onfray, autore di un celebre "Trattato di ateologia", una valutazione storica del medioevo: *"Lungo e buio periodo dominato dalla civiltà giudaico-cristiana che crolla. Nata dalla conversione di Costantino nel IV secolo, il rinascimento ne intacca la vitalità e la rivoluzione francese la abolisce. Il maggio francese si accontenta di registrarne lo sfinimento"*. Riprende le opinioni che già furono di Voltaire e di Bertrand Russel: *"Dopo Roma barbarie, superstizione e ignoranza coprirono la faccia della terra"*.

Cerco pareri più articolati.

C.H. Haskins, storico di Harvard: *"Le università, come le cattedrali ed i parlamenti, sono il prodotto del medioevo, e più specificatamente dalla chiesa medioevale"*.

A.N. Whitehead, logico inglese coautore con Bertrand Russel dei "Principia Mathematica", imponente opera sui fondamenti della scienza: *"Il più grande contributo del medievalismo alla formazione del movimento scientifico moderno fu l'incrollabile convinzione che ci fosse un segreto, che poteva essere svelato. In che modo questa convinzione si è radicata così profondamente nella mente europea? Dovette derivare dall'insistenza medievale sulla razionalità di Dio, concepito come dotato dell'energia personale di Jehovah, e della razionalità di un filosofo greco".*

Rodolfo il Gabro, "Cronache dell'anno 1.000": *"Si era già quasi all'anno terzo dopo il mille quando nel mondo intero, e specialmente in Italia e nella Gallia, si ebbe un rinnovamento delle chiese basilicali... Pareva che la terra stessa, come scrollandosi e liberandosi della vecchiaia, si rivestisse tutta di un candido manto di chiese".*

11 aprile 2010
Corsera

Bizzarrie. Saverio Borrelli, ex procuratore capo: *"Oggi chiederei scusa per il disastro seguito a mani pulite. Non valeva la pena di buttare all'aria il mondo precedente per cascare poi in quello attuale".*

Doppia confessione di colpevolezza della magistratura di Milano: aver svolto un ruolo politico improprio, ed averlo pure sbagliato.

11 aprile 2010
radio

La più banale domenica di primavera è stata quella dell'11 aprile 1954. Secondo l'elaborazione di 300 milioni di fatti del XX secolo commissionata dalla Università di Cambridge, è il giorno del secolo con il minor numero di notizie. Le maggiori, che hanno comunque riempito le prime pagine dei quotidiani, sono state le elezioni politiche in Belgio e la morte di un mediano inglese di calcio ormai dimenticato.

15 aprile 2010
Rai Uno

Alle accuse di un intellettuale laico di un possibile rapporto tra celibato e pedofilia, che colpisce il cuore del cattolicesimo, il Cardinale Bertone replica che il legame problematico è invece quello tra omosessualità e pedofilia.

Altrove Vittorio Messori ricorda le responsabilità del sessantotto, quando Jean Paul Sartre e Jack Lang, futuro ministro francese della cultura, firmarono entrambi un manifesto di "liberazione sessuale" per la depenalizzazione dei rapporti con minori, prendendo spunto da Jean J. Rousseau, fondatore della pedagogia,

che scrisse di aver comperato a Venezia una bimba di 10 anni che seppe liberarlo dalla depressione.
Benedetto XVI parla di *"dolore e vergogna"*
Paolo Poli: *"ciascuno di noi è un misto di tutto"*
Woody Allen, accusato di pedofilia dalla moglie: *"mezzo paese molesta i bambini"*

16 aprile 2010

E' uscito il 500° numero della rivista "Le Scienze", l'edizione italiana di "Scientific American". Ricordo l'attesa per la pubblicazione del primo numero, nel settembre del 1968. Ho letto 500 numeri in 42 anni, da studente a pensionato.

2 maggio 2010
Corsera

Il Governo cubano dovrà licenziare un milione di dipendenti pubblici, non potendo più pagare gli stipendi. Un milione su 4 milioni, e su un totale di 5 milioni di forza lavoro, in una popolazione di 11 milioni. Numeri crudeli.

3 maggio 2010
Corsera

A Torino viene esposta la Sacra Sindone.
Benedetto XVI, filosofo e quindi più attento alle esigenze della ragione rispetto al predecessore, la definisce *"una icona straordinaria del mistero del sabato santo"*.
Giovanni Paolo II, poeta e quindi più attento alle esigenze dell'uomo rispetto al successore, l'aveva invece definita *"una reliquia"*.
Reliquia, da *"reliquus"* residuo, è quello che rimane fisicamente del corpo, o degli oggetti che erano stati in contatto con quel corpo, mentre icona, da *"eikon"* copia, conduce al solo valore della immagine.

3 maggio 2010
film su Rai Tre "Blade Runner"

Philip Dick affronta la domanda di come si distingue una macchina da un uomo: *"Un giorno forse vedremo un uomo sparare ad un androide appena uscito da una fabbrica di creature artificiali, e l'androide, con grande sorpresa dell'uomo, comincerà a sanguinare. Il robot sparerà di rimando e, con sua grande sorpresa, vedrà una nuvola di fumo levarsi dalla pompa elettrica che si trovava al posto del cuore dell'uomo"*.

Il tema della fantascienza sono le possibili variabili evolutive: negli altri mondi, nei robot, nell'uomo stesso.

4 maggio 2010
Corsera

L'acqua del Nilo non basta più. Dopo 10 anni di inutili trattative quattro paesi dell'est Africa - Etiopia, Uganda, Tanzania e Ruanda - riuniti ad Entebbe, hanno per la prima volta deciso di infrangere l'accordo con l'Egitto per la spartizione delle acque del Nilo. L'Etiopia ha in progetto di prelevare 7 miliardi di metri cubi di acqua per rendere fertili 90.000 ettari. La Tanzania di pompare direttamente dal Lago Vittoria acqua per 250.000 ettari. Grandi pericoli, che saranno aggravati dalle conseguenze del global warming.

5 maggio 2010
Corsera

Comunicato della Santa Sede sul sacerdote messicano Marcial Maciel, fondatore della Congregazione dei Legionari di Cristo, che conta 700 sacerdoti, 2.500 seminaristi, 18 università, 175 collegi e 65.000 membri laici. Si riporta che sono stati appurati fatti sconcertanti, purtroppo confermati da testimonianze incontrovertibili, riguardanti il fondatore, definito impostore privo di scrupoli: almeno due mogli con figli, abusi sessuali dentro e fuori la legione, pedofilia, dipendenza dalla morfina. I più alti livelli faticano a trovare il punto critico di questo sistema.

Lo stesso Ratzinger nel libro intervista "Luce del mondo" risponde in 250 pagine a tutte le domande che gli vengono poste, ma solo ad una, quando gli viene chiesto di Maciel, dice di non saper rispondere: *"Marcial Maciel per me rimane una figura misteriosa...*

la contraddizione per cui un falso profeta abbia potuto avere anche un effetto positivo".

16 maggio 2010
Corsera

In una indagine svolta sugli studenti di scuole medie è stato chiesto con chi starebbero se non ci fosse più la madre. Ha stupito, perché non previsto, che solo il 10% citasse il padre come sostituto: *"Non era nelle nostre attese che la figura del padre non sostituisse quella della madre".*

E' uno strano momento culturale quello in cui risulta inatteso che le donne siano diverse dagli uomini nella cura della prole. E' un effetto dell'uso improprio del concetto di uguaglianza, in particolare se applicato ai generi. Che essendo per natura complementari - di valore reciproco - sono quelli di cui è più radicalmente impossibile proclamare l'uguaglianza.

18 maggio 2010
Corsera

La Commissione europea, preoccupata per il global warming, ha chiesto agli ingegneri che lavorano a Cadarache, nel Sud della Francia, quando sarà pronto il reattore a fusione nucleare Iter che lì è in costruzione.

Non sappiamo quanto fossero consapevoli di aver evocato il più azzardato degli accostamenti: la salvezza del pianeta richiesta a quella forma di energia che è anche l'unica in grado di distruggerlo. La peggior creazione dell'uomo occidentale coincidente con il più grande dei suoi sogni: inscatolare il sole per produrre energia infinita.

E' una storia dimenticata quella della fusione nucleare. Iniziata nel 1952 come sottoprodotto della bomba H, erano previsti pochi decenni per la sua realizzazione. Ma il problema si è dimostrato complesso. Iter deve solo provare la fattibilità del processo, per poi essere smantellato, presumibilmente intorno al 2030. Poi toccherà al prototipo. La prima centrale commerciale è oggi prevista per il 2060, ma con ancora alcuni dubbi dei tecnici: i materiali soggetti a temperature e radioattività così elevati per anni - magneti che dovranno confinare plasma a 150 milioni di gradi - potrebbero non tenere.

20 maggio 2010
Italia Oggi

Nel 2009 la Cina ha acquistato 500 milioni di tonnellate di ferro, contro i 50 milioni del 2002. Le stesse proporzioni valgono per piombo e caucciù. Un dato che rivoluziona sia le regole del mercato che le apprensioni ecologiche.

Fin dagli albori dell'ambientalismo la Cina, per la sua alta popolazione e la grande povertà, era l'esempio portato per dimostrare che un aumento incontrollato dei consumi avrebbe provocato il collasso del pianeta. Fu una critica lacerante al nostro modo di vivere ed una delle cause più sottovalutate della crisi di autostima della civiltà occidentale. Ora sono milioni i cinesi proprietari d'auto.

22 maggio 2010
ore 22.33 Inter campione d'Europa a Madrid

Una serata dai mille colori, magica. Si capiva che l'Inter cercava il recupero del pallone per lo sfondamento centrale. Ha segnato con una azione che ha riassunto la bellezza del gioco verticale quando si sviluppa in velocità: Julio Cesar, Milito per Sneijder, restituzione in area, attesa di una frazione di secondo per calciare, goal.

Javier Zanetti, il capitano: *"Ho fatto migliaia di chilometri per rincorrere questo momento"*

Josè Mourinho: *"Il merito è di tutti, anche di Orlandoni, che non ha giocato neanche un minuto"*

Da dove nasce il fascino del calcio?

Una parte ricupera gli istinti che già si manifestavano nel Colosseo, quelli che vanno a pescare nella nostra natura più antica: il sangue, la guerra, l'esaltazione collettiva. Il calcio ne è una moderna evoluzione caratterizzata dall'importanza delle regole. Fissate rigorosamente le regole, che non per nulla provocano gran parte delle discussioni, si è poi liberi di lottare anima e corpo per la propria squadra. Se si vuole è una rappresentazione corretta del concetto di laicità. E forse anche un buon esercizio della stessa: ogni squadra ha il suo valore, ma nello stesso tempo ha valore solo la nostra squadra. Una contraddizione che altrove fatichiamo a comprendere.

Vi è poi una seconda fonte di fascino. E' facile osservare, anche nelle frasi di Mourinho e Zanetti appena ricordate, quanto è frequente nei commenti calcistici l'alternarsi tra i giudizi sulla squadra e quelli sul singolo giocatore. E' infatti il continuo passaggio di prospettiva tra giocatore e squadra che rende

inesauribile il gioco del calcio e permette una seconda
infinita categoria di polemiche (4-4-2, 4-2-3-1, ...) che
va ad aggiungersi a quella sulle regole e sugli arbitri.

Sfugge normalmente la complessità di tale fenomeno:
si può osservare il singolo giocatore o la squadra nel
suo insieme, ma non contemporaneamente entrambe
le cose. Lo stesso meccanismo che, in campo musicale,
rende affascinante l'ascolto delle fughe di Bach: si può
gustare la singola fuga, o la totalità armonica nel suo
insieme, ma non entrambe nello stesso tempo.

Un fenomeno curioso, con profonde derivazioni
filosofiche, che rende ancor più il calcio massima
metafora della vita.

Il migliore aforisma sul calcio guerra: *"Se uomo
preferisce donna invece di finale Champions, vero amore,
ma non vero uomo"*. Sul calcio tifo e laicità: *"A Milano ci
sono solo due squadre: l'Inter, e la primavera dell'Inter"*.
Sul calcio metafora della vita: *"Ogni volta che un bimbo
prende a calci una cosa per la strada, lì ricomincia la
storia del calcio"*, Jorge Luis Borges.

22 maggio 2010
Corsera

Il sarcofago con i resti di Niccolò Copernico è stato
posto ieri, dopo una solenne cerimonia, sotto l'altare
della basilica di Fromborg, nel nord della Polonia. Pur

essendo il canonico di quella cittadina, alla sua morte era stato sepolto in una tomba priva di iscrizione, a causa dei turbamenti che le sue teorie avevano provocato. L'identificazione delle spoglie è stata possibile grazie all'analisi del DNA di un capello trovato all'interno di un libro che faceva parte della sua biblioteca. Sul sarcofago in granito nero è stata incisa una rappresentazione del suo modello di sistema solare, con il sole al centro.

23 maggio 2010

La rivista Science pubblica la mappa genetica dell'Uomo di Neanderthal, completa al 60% . Dal confronto con l'uomo contemporaneo risulta che l'uomo europeo e asiatico condividono con il Neanderthal dall'1% al 4% del patrimonio genetico, mentre negli africani non ve ne è traccia.
Gli africani non si sarebbero mai incrociati con l'uomo di Neanderthal, mentre europei e mediorientali si. Cosa significa?

24 maggio 2010

Bob Dylan compie oggi 69 anni. Ritrovo la striscia di Schultz che nel 1971 faceva dire a Snoopy: *"Oggi Bob*

Dylan compie 40 anni" e nella vignetta successiva: *"Non mi sento bene!"*

La rivista Rolling Stone pubblica una ricerca sulla canzone più bella di sempre. Che necessariamente è "Like a rolling stone", cantata per la prima volta al festival di Newport il 25 luglio 1965, e fischiata perché accompagnata dalla chitarra elettrica. Ma si erano incontrati in quel preciso momento la corporalità del rock con le tradizioni culturali folk, e l'esito sarebbe stato irresistibile, esplosivo.

Mia figlia Marta mi ha fatto finalmente conoscere la traduzione corretta, l'unica cosa che in quella canzone non quadrava: *"come una pietra scalciata"* e non *"come una pietra che rotola"*.

30 maggio 2010
Corsera

Crisi economica. Il Governo vara una manovra aggiuntiva di 35 miliardi. Debito italiano incontrollabile. Ogni 8 secondi nel mondo si emettono un milione di dollari di nuovo debito pubblico.

Università Bocconi, 1969: intervento di Mario Monti su John Maynard Keynes. Si celebra un altro incontro irresistibile ed esplosivo, quello tra le idee keynesiane e il sessantotto. La tesi è che aumentando il debito pubblico si favorisce lo sviluppo dell'economia. Cioè più si spende e più ci si arricchisce. Una pacchia.

Ma continuando ad aumentare il debito cosa succederà nel lungo termine? A Keynes era stato chiesto, e lui aveva risposto che nel lungo termine saremo morti. Il lungo termine di allora è l'oggi.

2 giugno 2010
DVD allegato al Corsera

L'ultima intervista alla BBC del filosofo Bertrand Russel, a 98 anni: "*Il segreto della felicità sta nell'affrontare la realtà di un mondo che è orribile. Solo quando ci si convince profondamente di ciò si può tornare ad essere felici... Gli uomini temono il pensiero razionale più di ogni altra cosa al mondo... Il pensiero è rivoluzionario, non guarda ai privilegi, alle istituzioni stabilite e alle abitudini confortevoli. Il pensiero è senza legge, libero, indipendente da ogni autorità. Può guardare nel fondo dell'abisso, e non avere timori...*".

Ricerco le riflessioni che erano state pubblicate in occasione del suo 80° compleanno: "*La parte seria della mia vita è stata, fin dalla adolescenza, dedicata a due scopi differenti: io volevo da un lato scoprire se si può raggiungere la conoscenza, dall'altro volevo fare tutto ciò che potevo fare per un mondo più felice.... La mia missione era scrivere due libri, uno sulle cose astratte della conoscenza, ed uno su cose concrete, sulla felicità, che sarebbero stati coronati da una sintesi. Eccetto la sintesi, che tutt'ora mi sfugge, quei libri io li ho scritti".*

La missione di Russel è in realtà quella di ogni uomo: capire il mondo in cui vive ed aiutare il prossimo. Anch'io ho scritto due piccoli libri sulla conoscenza e sulla felicità. Per quanto riguarda la difficoltà della sintesi ho pensato che abbia a che fare con la nostra doppia natura, essere parte di qualcosa di più grande di noi e contemporaneamente individui. Che essendo di difficile composizione impedisce sia la felicità completa che la completa conoscenza. Ed ho pensato che un teorema matematico, quello di Goedel, ne costituisse una interessante chiave di lettura, riuscendo perlomeno a mostrare il punto in cui le due nature si avvicinano fino quasi ad incontrarsi. A differenza di Russel che lo aveva sempre detestato.

D'altra parte il paradosso, che Goedel incorpora nel suo teorema, costituisce l'esatta misura della distanza che passa tra il mondo reale e la sua lettura razionale, tra la vita e la ragione, esattamente ciò che Russel voleva ridurre a zero.

3 giugno 2010

Esempio di paradosso linguistico: *"Questa frase contiiene tre errrori".*

Anche l'universo è paradossale e contraddittorio. Possiede strane leggi che lo portano inesorabilmente verso il disordine e lo spegnimento, ma al tempo stesso permettono il nascere della vita e della coscienza. Inoltre si rifiuta di essere descritto come un semplice insieme di particelle di materia, e richiede al contrario di essere valutato come una totalità.

Lo aveva ricavato Einstein dalle formule della meccanica quantistica, ma rifiutandone il significato. Riteneva si trattasse solo di un errore nei calcoli. Ma nessuno era poi riuscito a correggerlo.

Si è anzi scoperto che si è di fronte ad un fatto reale: se due particelle atomiche sono legate da "entanglement" - stretta relazione, intreccio - una minima azione su una di esse ha un immediato effetto anche sull'altra. La stranezza è che questo avviene anche a grande distanza, anche all'estremo opposto della galassia, e senza necessità di materia che lo intermedi, come nelle pratiche voodoo.

E' la fine dell'idea meccanica della scienza, quella di Galileo, ma anche quella di Einstein. Ed è ignorata da ogni programma scolastico.

Turno di notte al sabato per la fabbrica di Pomigliano che dovrà costruire la Fiat Panda.

La CGL tenta di resistere: *"Troppe deroghe al contratto e alle leggi sul lavoro!"* L'amministratore Fiat Marchionne: *"E' l'ultima chiamata; o si trova l'accordo o la Panda la costruiremo altrove!"*. Interviene il sindacato polacco di Tychy: *"Noi garantiamo la produzione e accettiamo tutte le condizioni!"*. E' il nuovo mondo del lavoro. Tutto ora cambia.

Ultima intervista a Hans-Georg Gadamer, 100 anni, filosofo continentale, a differenza di Russel che era un analitico, cioè affrontava i problemi filosofici con un approccio logico-scientifico: *"La filosofia non è conoscere le risposte a ciò cui non è possibile rispondere. La filosofia è piuttosto il continuare perpetuamente a cercare di avvicinarsi alle cose. C'è qualcosa oltre la esatta matematica del sapere. C'è anche ciò di cui si è certi in maniera diversa. Una forma di riflettere ed una libertà di pensiero che non si fa soffocare dai risultati definitivi"*. Alla fine, brindando: *"In vino...vita"*.

Bizzarrie. Partita inaugurale del campionato mondiale di calcio in Sud Africa. Il tema è l'Africa e l'integrazione razziale. La nazionale sudafricana pareggia contro il Messico. Il solo allenatore è bianco, tutti i giocatori neri.

Si ricordano i 100 anni della nascita del novarese Paolo Bonomi, amico di mio padre. Nel 1945 fonda, insieme a De Gasperi ed al futuro Papa Montini, la Coldiretti, l'associazione dei piccoli agricoltori che sarà il vero argine italiano al comunismo. Promuove la riforma agraria, con cui tre milioni di ettari di latifondo passano ai coltivatori diretti. Sconosciuto ai più, è da annoverare tra i protagonisti di quel breve periodo del secondo dopoguerra in cui l'Italia, e l'Europa, sono state governate dal pensiero cattolico ed il rigore tedesco, producendo allo stesso tempo democrazia, sviluppo della classe media, libertà e ricerca tecnologica.

La rivoluzione del '68 viene paragonata per importanza alle rivoluzioni francese e russa, ma   rivolta verso l'intimo ed in particolare verso la sessualità. Viene effettivamente a cessare in quell'anno ogni precedente riferimento: il rischio di gravidanza (nessuna donna segue l'indicazione della Chiesa a non far uso della pillola), il rischio di malattie (erano diventate tutte curabili meno l'AIDS, penetrato proprio in quell'anno, ma di cui ci si sarebbe accorti solo tempo dopo), i rischi legali (l'adulterio esce dal codice penale anche per le donne). Ed anche il rischio "morale": *"La rivoluzione più significativa del '68 – dice Benedetto XVI – penetrata in tutte le culture, compreso quella cattolica, è che non esiste il male in sé. Ciò che è bene o male dipenderebbe solo dalle conseguenze"*.

Michel Tournier, dal suo "Diario estimo": *"San Giovanni Battista ha detto: <Bisogna che io diminuisca perché Lui cresca>. Lui è il Sole-Cristo. La festa di San Giovanni va dunque a situarsi il 24 giugno, nel momento in cui i giorni sono più lunghi - nel più luminoso dei mesi - e* *cominciano a diminuire; e la nascita di Gesù il 25 dicembre, quando i giorni ricominciano a crescere".*

26 giugno 2010
esce il libro "Intrigo internazionale"

E' scritto da Rosario Priore, il magistrato che ha gestito quasi tutte le più importanti inchieste politiche italiane: P2, Moro, Ustica, Lupi Grigi.

Settembre 1969: la Libia, che alla fine della seconda guerra mondiale era stata assegnata agli inglesi, subisce un colpo di Stato che porta al potere Gheddafi, sostenuto dai servizi segreti italiani. Gli inglesi perdono la Libia, poi Malta e Cipro, e di fatto si trovano fuori dal Mediterraneo.

Dicembre 1969: scoppia la bomba di Piazza Fontana. Alcuni giornali inglesi coniano le espressioni "strategia della tensione" e "strage di Stato", una delle meglio riuscite azioni di depistaggio della storia dell'intelligence. Il Presidente della Repubblica Saragat inizialmente reagisce riferendo rapporti dei servizi britannici con gli attentatori.

Aprile 1980: riesplode la guerra per il Tibesti tra il Ciad e la Libia, ex colonia francese il Ciad, ex colonia italiana la Libia. L'Italia permette ai libici l'uso di corridoi nel proprio spazio aereo.

Giugno 1980: in una battaglia aerea con i mig libici, i francesi abbattono erroneamente il DC 9 dell'Itavia a Ustica, 81 morti. Il 2 agosto, un mese dopo, scoppia una bomba alla stazione di Bologna, 85 morti.

Sono le opinioni del magistrato che ha gestito le indagini, che non sono diventate prove giudiziarie. E' però un fatto che: -nessuna delle stragi italiane è mai stata rivendicata, -le stragi non rivendicate sono quasi sempre segnali tra Governi, che non prevedono repliche giudiziarie, -tutte sono state di conseguenza depistate dai Servizi, - l'Italia sconfitta dalla guerra in pochi decenni si era ripresa il Mediterraneo diventando la quinta potenza mondiale e suscitando rivalità europee, -i maggiori artefici di tali politiche mediterranee, e maggiori interpreti della coesione nazionale, Mattei e Moro, sono stati assassinati.

27 giugno 2010
Corsera

Dell'Utri condannato in appello a 7 anni per concorso esterno alla mafia. E' il fondatore con Berlusconi sia di Publitalia, la cassaforte di Mediaset, che di Forza Italia, il partito che più ha caratterizzato la seconda repubblica. Quasi vent'anni di politica italiana sprecati, e proprio in presenza di grandi accelerazioni mondiali: euro, globalizzazione, Cina.

Discussione sulla previsione di perdita di centinaia di milioni di posti di lavoro nel mondo a causa della digitalizzazione. Nel 1930 Keynes, a seguito della rivoluzione industriale, aveva previsto che l'uomo avrebbe lavorato al massimo 15 ore la settimana. Non era successo. Ed ancora il mondo si sta dividendo tra chi lavora 60 ore e chi non ha lavoro.

Benedetto XVI dà l'annuncio ufficiale della creazione di un nuovo dicastero per la rivangelizzazione dell'Occidente, dove è in atto una *"eclisse del senso di Dio"* e *"al comunismo ateo è subentrato uno scientismo irreligioso"*. Sarà guidato dall'arcivescovo Fisichella che, intervistato per illustrarne il programma, inizia con la frase di Dostoevskij: *"Può un uomo colto europeo dei nostri giorni credere alla resurrezione di Gesù?"* Ovvero: la religione è ancora sinonimo di verità?
La modernità esige una risposta, quella che era stata rimandata ai posteri, ma che anche il XX secolo non ha saputo definire. Prima o poi bisognerà rispondere.
(Resurrezione 4)

Le zanzariere con insetticida hanno abbattuto del 90% la popolazione di zanzare malariche in Tanzania. Ma alcuni studi pubblicati da "Science" hanno mostrato che le zanzare si stanno abituando a pungere fuori dalle case. E che comunque in una popolazione che si dirada i superstiti diventano molto più prolifici ed è quindi più difficile ridurli ulteriormente.
(Zanzare 2)

Penso che a nessuno dei presenti interesserebbe che le parole del prete mostrassero rigore scientifico. Viene recitato l'eterno riposo, una delle preghiere più brutte. Spero che venga presto almeno modificata: *"splenda ad essi la luce senza tempo"*.
Una tomba del cimitero di Meina riporta il nome Idea Beneduce accanto a quello del marito Enrico Cuccia, il più importante consulente finanziario nella Prima Repubblica. Ma il nome completo sarebbe Idea Nuova Socialista Beneduce, ad attestazione del pensiero politico del padre, Alberto Beneduce. Che, a scanso di equivoci, aveva chiamato le altre due figlie Italia Libera e Vittoria Proletaria. La bizzarria consiste nel fatto che Beneduce fu per buona parte del periodo fascista

Ministro dell'economia e consulente plenipotenziario di Mussolini.

4 luglio 2010
Corsera

Per il 234° anniversario della Dichiarazione di Indipendenza degli Stati Uniti d'America, un gruppo di ricercatori, utilizzando una spettroscopio, avrebbe scoperto una correzione sul documento originale, fatta dallo stesso Thomas Jefferson. Sotto la parola *"citizen's"*, cittadini, era stata cancellata la *"subjects"*, sudditi. L'istante della correzione sarebbe l'istante esatto del cambio di prospettiva, quello della nascita della democrazia moderna.

6 luglio 2010
Corsera

Dopo giorni di infuocate polemiche interne sulla importanza politica della massoneria e sulla compatibilità statutaria con l'iscrizione al PD, la conclusione è un nulla di fatto. Un intervistato: "Massoni nella direzione del PD? Non risulta, ma se risultasse non lo direi". Ambiguo, come peraltro l'argomento. Il trucco è quello dell'esistenza di una verità che per qualche strano motivo non è rivelabile: chi ne parla non sa e chi sa non ne parla. Abbastanza banale, ma sempre in grado di attrarre. Alla confusione non soccorre neppure la formula del giuramento di ammissione: *"Di mia libera e spontanea volontà chiedo di essere ammesso ai Misteri ed ai Privilegi della massoneria, giurando di mantenere inviolati segreti e misteri"*. Chi può giurare su ciò che ancora non conosce?

14 luglio 2010
telegiornale

Assolto definitivamente dall'accusa di mafia, dopo un iter giudiziario di 15 anni, il tenente dei carabinieri Carmelo Canale, ex braccio destro di Borsellino.
Mi ricordo le parole del generale dei carabinieri Delfino, quando era confinato nella sua villa di Meina: *"Vuol sapere cosa mi hanno detto al quartiere generale della CIA, in Virginia, quando, finita la guerra fredda, dovevamo riposizionare le strategie dell'Arma? Io mi attendevo il Mediterraneo, le guerre per l'acqua... Mi dissero Andreotti".* E anticipando la mia domanda:*" Se vuole capire segua il suicidio del Maresciallo Lombardo, e suo cognato Canale".*
Avevo provato. Lombardo nel 1995 sta per partire per gli USA allo scopo di prelevare il boss mafioso

Badalamenti, che intendeva smentire Buscetta al processo Andreotti. Ecco cosa accadde nei dieci giorni successivi: -Santoro programma una puntata di Tempo Reale sulla mafia, -interviene nel programma Leoluca Orlando che invita la Procura di Palermo ad indagare Lombardo per mafia, -la Procura fa intendere che aprirà l'inchiesta su di lui, -la mafia gli assassina il suo più stretto collaboratore, -i carabinieri gli revocano l'incarico per gli USA, -il maresciallo capisce tutto e si suicida in caserma *"per evitare l'onta dei pentiti... e per non mettere in pericolo la vita dei miei figli"*.

Il cognato Canale sporge denuncia per istigazione al suicidio, ed in poco tempo contro di lui spuntano prima uno, poi cinque, poi dodici pentiti che lo accusano di mafia. Da cui solo oggi è assolto. Davanti alla Commissione Stragi dirà che la vicenda Lombardo è direttamente collegata all'assassinio di Borsellino, e che tutti i magistrati che avevano indagato su tale strage, in ben tre processi, avevano inspiegabilmente condannato degli estranei. Come solo oggi sta emergendo.

La vicenda, come altre, è oramai troppo ingarbugliata per consentire un qualsivoglia esito. Anche se perfettamente comprensibile nelle sue linee generali: i partiti di governo della prima repubblica, che avevano tentato con il maxiprocesso di recidere i vecchi legami con la mafia, con la fine della guerra fredda si sono improvvisamente trovati loro nella parte di vecchi legami da recidere. E la mafia si è resa disponibile.

D'altra parte il Generale Delfino era il misterioso Capitano Palinuro della "Rosa dei Venti", uomo di raccordo con l'estremismo neofascista. Uno dei tanti attori della guerra fredda, non ortodossa, in Italia.

23 luglio 2010
Corsera

Il prossimo 7 novembre Benedetto XVI consacrerà l'ultima Cattedrale d'Europa, il "Temple Expiatori de la Sagrada Familia" di Barcellona, la cui prima pietra fu posta nel 1882. Una immagine sorprendente, in piena modernità, del legame con la nostra storia medievale. Solo le guglie sono diverse: verso il cielo, ma con la vitalità delle piante. Segno di un diverso, migliorato rapporto della fede con la natura.

25 luglio 2010
Parigi, aeroporto Charles De Gaulle

E' disponibile una sala di meditazione. Entro. Ci sono libri di diverse religioni, Bibbia, Talmud, Corano. Intellettualmente impeccabile, politicamente più che corretto. Ma l'effetto è il vuoto, nel senso che non entra nessuno, ma anche vuoto di Dio. Lo stesso non avviene quando si entra nei luoghi sacri ad altre religioni, una moschea, o un tempio Indù. E' probabile che una errata idea di laicità sia l'attuale malattia dell'Europa.

18 agosto 2010
Corsera

E' morto Francesco Cossiga, cattolico liberale, politico da record: laureato a 19 anni, a 38 il più giovane sottosegretario, a 56 il più giovane Presidente della Repubblica. Si dimette da tale carica nell'aprile del 1992, casualmente (!) pochi giorni prima dell'attentato a Falcone e della fine della prima repubblica. Nel 1998 fece l'ultimo atto politico, l'UDR, per resistere a Berlusconi.

Una sera inaspettatamente mi aveva telefonato: *"Sono il Presidente Cossiga... si ricordi: 3 generazioni di cattolici liberali sono state sacrificate..."*.

21 agosto 2010

Il 21 agosto del 1968 Radio Praga Libera trasmetteva: *"Ieri 20 agosto alle ore 23, truppe dell'Unione Sovietica, della Repubblica popolare polacca, ungherese, bulgara, della DDR, hanno attraversato le frontiere dello Stato della Repubblica Socialista Cecoslovacca. Ciò è avvenuto all'insaputa del Presidente della Repubblica, del Presidente della Assemblea Nazionale, e del Segretario del Partito Comunista Cecoslovacco".* Ed alle ore 4.45: *"Quando trasmetteremo l'inno nazionale cecoslovacco significa che i Russi avranno invaso anche questo palazzo, e in quel momento finiranno le trasmissioni di Radio Praga Libera".* L'inno arriverà alle 9 del mattino, accompagnato da spari, in onda come titoli di coda.

5 agosto 2010
Corsera

Record di caduta giornaliera di fulmini in Italia: lo scorso 29 luglio ne sono caduti 25.000. E' uno dei pericoli più sottovalutati. Ed è anche verosimilmente un indice del global warming, l'aumento della temperatura del pianeta.

28 agosto 2010
Corsera

Le due Commissioni di indagine incaricate dall'ONU di verificare i dati forniti dall'IPCC sul global warming hanno completato i propri lavori. Quella olandese ha riconosciuto la presenza di errori gravi: l'aver definito inequivocabile la responsabilità dell'uomo e l'aver previsto la data dello scioglimento dei ghiacciai dell'Himalaya nel 2035 anziché nel 2380. Per la commissione inglese l'accusa è quella di avere esagerato e di avere perciò svolto un ruolo politico. Ancora la malattia originaria dell'ambientalismo, le errate previsioni. Ma *"la temperatura sul pianeta sta effettivamente cambiando e questo, con buona probabilità, per effetto della attività umana"*.

1 settembre 2010
Corsera

Rino Fisichella ricorda Oriana Fallaci: *"Il mio ricordo andava volentieri alla Bibbia che il papà le sfogliava da bambina, ma Oriana non riusciva a cogliere il valore di senso di quelle pagine, per il suo volere di restare attaccata alla sola ragione. La malattia e la sofferenza, però, obbligano a dare una risposta di senso. Oriana voleva una risposta, ma non riusciva ad entrare nel cono di luce della fede, che va oltre la conoscenza dei contenuti raggiunti per studio, perché chiede di abbandonare se stessi all'amore di Dio"*.
Il giornale riporta una delle sue interviste più famose, quella a Deng Xiaoping, l'uomo che nel 1979 aveva dato ai cinesi il più famoso dei contrordini: *"Arricchitevi!"*.

Su Mao così aveva risposto alla Fallaci: *"Sfortunatamente verso il tramonto della sua vita, in particolare durante la rivoluzione culturale, Mao commise degli errori - e non erano di poco conto - che arrecarono molta sventura al nostro partito, al nostro Stato e al nostro popolo. Nel valutare i suoi meriti e gli errori valutiamo che gli errori siano solo secondari. Ciò che egli ha fatto per il popolo cinese non potrà mai essere cancellato".* Riteneva che una grande nazione deve preservare la continuità della sua storia.

2 settembre 2010
Corsera

Esce a giorni "Il grande disegno" di Stefan Hawking, la cui tesi è: *"Il big bang è una inevitabile conseguenza delle leggi della fisica".* Non serve un creatore perché *"c'è una legge che si chiama gravità grazie alla quale l'universo può continuare a crearsi da sé, dal niente".*
Ma il clima non gli è più così favorevole.
Giorello: *"il bisogno di Dio non è basato sulla cosmologia, la scienza prescinde totalmente da Dio".*
Cacciari: *"Nulla è più assurdo e antiscientifico che pretendere che un linguaggio specialistico fornisca risposte universali. E' una contraddizione comica che non va neppure presa in considerazione".*

Maccacaro, Presidente dell'Istituto Nazionale di Astrofisica: *"Nessuno dei punti, fisica quantistica, gravitazionale, può servire di base ad una discussione su Dio. Qualsiasi teologo se ne farebbe un boccone".*
Giovanni Reale: *"E' un errore tipico degli scienziati giudicare l'universo infinito con categorie finite".*

10 settembre 2010
Corsera

Erri De Luca, "Mediterraneo": *"Brulicava di altari dedicati alle più fantastiche e svariate divinità. Il Mediterraneo era il plesso solare del politeismo, concentrato nervoso di idoli del mondo. I greci avevano ad Atene un culto offerto pure al Dio sconosciuto, nel caso se ne fossero dimenticati uno. Proprio a margine di questa abbondanza di fantasia teologica spuntava la notizia opposta del monoteismo, da sud est. Esiste una divinità sola. Tutte le altre non venivano solo diminuite, ma condannate in blocco per falsa testimonianza. Il Mediterraneo è il posto dove si è svolta la gigantesca battaglia tra la divinità unica e tutte le altre messe insieme. Le coste, le città, le foreste, le acropoli sono state il campo di battaglia di questo urto solenne. Il monoteismo sradica dal suolo e dal cuore la molteplicità, impiantando la superiorità della sua notizia. Ma sullo slancio si dirama in tre: l'ebraico di origine, il cristianesimo e l'islam. Il secondo tempo del Mediterraneo è stato deciso dalla contesa di queste tre verità incompatibili."*

17 settembre 2010
Corsera

La RAI ha deciso una produzione cinematografica che ricorderà l'assedio di Vienna da parte dei musulmani e che avrà per titolo "September Eleven, 1683", con chiaro riferimento al più recente attacco alle Torri gemelle.

L'11 settembre del 1683 trecentomila musulmani assediavano Vienna. Entrare significava arrivare a Roma e trasformare San Pietro in una moschea, scopo dichiarato del Sultano Maometto IV. Ma una Lega di ottantamila uomini raccolta dal frate cappuccino Marco D'Aviano ebbe la meglio e l'Europa fu salva. Si dice che un pasticcere di Vienna, per festeggiare la vittoria, inventò un dolce a forma di mezzaluna che chiamò croissant, crescente. E che anche il cappuccino nacque in quegli stessi giorni con il caffè preso ai turchi sconfitti, ed il nome preso dal colore del saio del monaco.

La guerra durava da 1.000 anni, da quando nel 732 Carlo Martello si oppose alla prima invasione islamica, nella battaglia di Poitiers-Tours. *"Europenses"* è il termine usato per ben due volte dal cronista spagnolo per indicare i vincitori di quella battaglia. Curiosamente è la prima volta che tale termine - europeo - compare nella storia per indicare gli abitanti dell'occidente. E compare proprio in relazione alla lotta contro l'Islam, quasi fosse stata la sfida dell'Islam a definire l'Europa.

Ratisbona è il limite estremo raggiunto dall'espansionismo islamico in Europa. E l'Università di Ratisbona viene scelta da Benedetto XVI per la sua Lectio agli intellettuali europei. Riporta un dialogo avvenuto poco prima dell'assedio e della fine di Costantinopoli, che l'Imperatore bizantino Manuele II ebbe con un persiano su Cristianesimo ed Islam, e sulla verità di ambedue: *"Senza soffermarsi sui particolari, egli, in modo sorprendentemente brusco, brusco al punto di stupirci, si rivolge al suo interlocutore semplicemente con la domanda centrale sul rapporto tra religione e violenza in genere, dicendo: <Mostrami pure ciò che Maometto ha portato di nuovo, e vi troverai soltanto delle cose cattive e disumane, con la sua direttiva di diffondere per mezzo della spada la fede che egli predicava> e prosegue <Dio non si compiace del sangue. Non agire secondo la ragione è contrario alla natura di Dio. Chi quindi vuole condurre qualcuno alla fede ha bisogno della facoltà di parlare bene e di ragionare correttamente, non invece della violenza e della minaccia>".*

Quello che si vuole evidenziare è che il cristianesimo non è ostile alla ragione, anzi ne è partner. E che in questo risiedono i fondamenti dell'Europa, ed al tempo stesso la differenza con l'Islam che, al contrario, non riconosce il logos e sceglie la spada, condannandosi all'arretratezza.

La sfida agli intellettuali europei era stata lanciata. Pochi giorni dopo alcune chiese cattoliche venivano date alle fiamme, ed alcune suore uccise. Scarse le reazioni. Per evitare ulteriori violenze le parole del testo ufficiale *"brusco al punto di stupirci"* devono diventare *"brusco al punto di essere per noi inaccettabile"*.

20 settembre 2010
Corsera

Una fabbrica cinese di iPad assumerà 500.000 nuovi dipendenti. La Cina è quasi la prima economia mondiale.

21 settembre 2010
Corsera

Annoto le notizie interessanti di oggi:

- indagato per riciclaggio il Presidente dello IOR, docente di Etica della Finanza all'Università Cattolica,
- il costo della procedura per la esecuzione di un condannato a morte in USA è di qualche milione di dollari, mentre in Cina il costo della pallottola viene fatta pagare ai parenti del condannato,
- arrestato l'arbitro Moreno, quello che ci aveva fatto perdere i mondiali di calcio del 2002, all'aeroporto J.F.K. di New York con 6 chili di cocaina nelle mutande. Risolto il dubbio circa l'onestà,
- a Napoli si è liquefatto il sangue di San Gennaro, due ampolle vecchie di 17 secoli. Si tratta di credenza popolare. Il discrimine tra fede e superstizione passa solo sul miracolo della resurrezione. Ma qual' è la differenza? (Resurrezione 5)

22 settembre 2010
Corsera

Nuovo dramma nell'affidamento dei figli. Alberto aveva sperato che nell'udienza del 16 settembre, lungamente attesa, il giudice gli consentisse almeno di vedere Nicole più spesso. Ma la sentenza ha stabilito che la piccola avrebbe passato con il padre solo un weekend ogni quindici giorni. Nessuno ha ascoltato la sua voce. La luce si è spenta. *"Tutti cadono, molti risalgono, altri non vogliono più risalire, alcuni non possono più"* aveva scritto su facebook. Finita la domenica ha fatto scendere Nicole di tre anni. La piccola ha fatto alcuni passi con al guinzaglio il suo cane bianco e nero. Ha preso il fucile dal bagagliaio della macchina ed ha sparato, prima alla figlia, poi a se stesso.

"Eravamo rassegnati al fatto che fin dalla notte dei tempi le madri a volte uccidono la propria discendenza – commenta la giornalista - ma cosa ci racconta una Medea al maschile?

13 ottobre 2010
"Il cimitero di Praga" di Umberto Eco

Dialogo tra Umberto Eco e Claudio Magris.

Eco: *"Nel romanzo il capo dello spionaggio russo dice che fanno comodo gli ebrei per rinforzare l'identità nazionale. Ma perché è in Russia; se fosse in Turchia se la prenderebbe con gli Armeni. Tutte le minoranze della storia hanno vita breve. Solo gli Ebrei, per la capacità di tenere intatta nei secoli la loro identità, sono stati così lungamente perseguitati".*

Magris: *"Bersaglio del libro è la mania del complotto, veder ovunque intrighi e massonerie, quello che sul piano individuale si chiama paranoia, cioè la deviazione patogena della ricerca del senso delle cose. In realtà i complotti, quando esistono, vengono prima o poi alla luce. Mentre invece la storia vera è complessità, imprevisto, caso. I dossier dei servizi segreti sono ancora oggi composti unicamente da ritagli di stampa".*

13 ottobre 2010
Corsera

Iniziano ad essere desegretati i documenti relativi all'assassinio di John Kennedy. Secondo gli storici che ne hanno avuto accesso la verità più probabile, contrariamente alle attese, è proprio quella ufficiale descritta dalla Commissione Warren: a sparare fu uno solo.

Sono contemporaneamente pubblicati gli appunti di viaggio di John Kennedy ragazzo. In gita sul Reno nel 1940: *"Le città sono tutte deliziose, ciò che mostra come le razze nordiche sembrano superiori a quelle romaniche".* E nel 1945: *"Hitler entrerà nella leggenda".* Sarebbe diventato il mito dell'America liberal. Ovvero è difficile sottrarsi allo spirito del tempo.

14 ottobre 2010
Corsera

Esce la nuova edizione delle opere di Voltaire pubblicizzata dalla nota frase: *"Non condivido la tua opinione, ma difenderò fino alla morte il tuo diritto ad esprimerla"*. Al mio esame di maturità avevo scritto che non doveva valere per le opinioni liberticide. Oggi aggiungerei che il diritto di opinione non va disgiunto dal dovere di difesa del proprio patrimonio culturale. E che la tolleranza non deriva dall'indifferenza alla verità.

Ovvero oltre all'integralismo islamico va fronteggiata l'opposta emergenza del laicismo europeo. Con l'insidia che, pur essendo opposte, trovano paradossalmente punti d'accordo: l'Europa laicista vede di buon occhio l'equiparazione del cristianesimo con l'islam, e l'islam, a sua volta, si trova finalmente a suo agio nell'Europa laicista.

15 ottobre 2010
radio

Muore in Kenya il più prolifico dei poligami: 130 mogli e 210 figli.

Secondo l'ISTAT in Italia il 50% delle famiglie è senza figli, il 22% ha un figlio, il 19% ha due figli e solo il 4% ha 3 o più figli.

Commenta il Wall Street Journal: *"L'Italia è un paese per vecchi. Nel 2050, agli attuali ritmi, il 60% della popolazione non avrà né fratelli né cugini"*.

In Inghilterra il nome più diffuso tra i neonati è Maometto. Poi vengono Olivier e Jack.

16 ottobre 2010
"Cronache dal Gulag" di Jacques Rossi

Jacques Rossi: *"Sono passati settant'anni da quando mi sono dato, anima e corpo, al movimento comunista, sinceramente persuaso che avrei così difeso la causa della giustizia sociale, alla quale credo tutt'ora. Ma occorre farsi coraggio e riconoscerlo: mi sono sbagliato. Probabilmente senza i miei anni di Gulag, venti, avrei avuto difficoltà a capirlo".*
E' una confessione incredibile, non interpretabile dalle sole categorie politiche. Perché tanta difficoltà? Probabilmente ciò che è così difficile da comprendere per il comunista francese Jacques Rossi è che una ideologia totalitaria finisce inesorabilmente per assumere una valenza religiosa, con i tratti quindi della fede non falsificabile.
Ma si tratta solo della conseguenza di un errore ben più generale: l'aver creato sistemi politici che volevano saldare il moderno pensiero ateo all'originaria esigenza di comunità. Non ha funzionato e non poteva funzionare. Con buona probabilità è questa la risposta più corretta al perché del collasso dell'Europa dello

scorso secolo: l'artificiale costruzione di ideologie comunitarie atee.

(Europa 4 - risposta alla domanda del 15 agosto 2009)

17 ottobre 2010
radio

Sui siti web cinesi, diversamente dai giornali, è più facile sentire parlare di Bibbia che di marxismo ateo. E' un problema che la storia tiene in sospeso sin da quando i primi cristiani persiani, poi Marco Polo ed infine i gesuiti del seicento, avevano indicato la Cina - quell'orizzonte ai confini della terra - come l'unico al quale guardare. Tutto sembra essere stato rinviato al quarto incontro, quello odierno. Pechino conosce la previsione secondo cui entro la metà del secolo la Cina sarà il paese con il maggior numero di cristiani al mondo.

17 ottobre 2010
Corsera

Merkel: *"il modello multiculturale è fallito"*. Nell'estate il libro di un membro della Bundesbank che criticava l'eccesso di migrazione islamica era stato accusato di razzismo. Dal dibattito successivo era emerso che una percentuale molto alta di cittadini era invece d'accordo. Di qui la svolta: l'approccio multiculturale è stato un errore. E' fallita l'idea di mettere le culture altre sullo stesso piano di quella tedesca. La CDU-CSU sta con la cultura tedesca dominante, pur nel rispetto delle minoranze.

20 novembre 2010
Corsera

L'associazione Omeoimprese lamenta la complessità delle procedure di autorizzazione dei farmaci omeopatici da parte degli organi preposti. Il motivo della lamentela è che le loro industrie usano materie prime "di notevole criticità". Portano ad esempio l'oscillococcinum, derivato dalla diluizione del fegato d'anatra putrefatto, usato per la prevenzione dell'influenza.

21 novembre 2010

Piergiorgio Odifreddi riassume il motivo per cui l'uomo contemporaneo non può più essere cattolico: *"L'illusione è che la religione possa allinearsi alla scienza... Per il cattolicesimo in particolare l'errore sta nel fatto che si basa non su astratte idee di divinità in qualche modo accettabili (come quelle che, in Spinoza e Whitehead, vedono la natura come il corpo di Dio), ma sulla concreta figura di Gesù e sulla sua resurrezione, che nessun equilibrismo teologico potrà mai coniugare con la razionalità".* La verità viene onestamente giudicata in base alla compatibilità con la ragione.

Provate ora ad immaginare un fatto impossibile, il più impossibile che potete immaginare.

Ed ora immaginate che la stessa domanda venga posta ad una persona semplice, la più semplice che si possa immaginare. Magari pastori della Palestina di due millenni fa. La risposta facilmente sarebbe: *"un morto che risorga!"* (o forse, se donna: *"una vergine che faccia un figlio!"*).

Può trattarsi solo di una coincidenza? Che nel cuore della religione cresciuta nella culla stessa della filosofia greca sia presente l'esatto opposto della razionalità?

Non lo è. Questo è il punto. E questo è l'occidente.

Lewis Carroll, matematico oltre che scrittore, fa dire alla Regina di Alice: *"Bisogna credere ogni mattina in sei cose impossibili, prima di colazione".*

(Resurrezione 6 - risposta alla domanda del 24 luglio 2009)

27 novembre 2010
Corsera

Intervista a Fidel Castro. Alla domanda: *"Il modello comunista cubano è esportabile?"* risponde: *"Il modello cubano non va più bene neanche a noi"*. Sta per finire il più longevo dei paesi comunisti. Qualche settimana prima si era diffusa la notizia che a Cuba era stata liberalizzata l'attività di parrucchiere.

25 dicembre 2010
Natale

Due notizie dalla Commissione Europea di Bruxelles.
La Commissione ha respinto la proposta di legge sul doppio genocidio che avrebbe permesso di perseguire *"chi nega o sminuisce i crimini storici del comunismo"* al pari dei crimini del nazismo.
E' interessante la presa d'atto dell'esistenza di un immenso divario di opinioni su tale materia, nonostante i molti anni ormai trascorsi, nonché la motivazione finale: *"Stalin non ha preso di mira minoranze etniche"*.
La Commissione ha inviato gratis alle scuole europee tre milioni di "eurodiari". Nei diari sono segnate alcune feste religiose, tra cui il Ramadan, ma non sono ricordati il Natale e la Pasqua.

"Si è trattato di una dimenticanza" ha commentato il portavoce della Commissione.

Il divorzio tra popolo ed élite sembra prendere forma.

30 dicembre 2010

La rivista scientifica Nature pubblica le conclusioni di uno studio ipotetico sulla utilità di estinguere le zanzare nel mondo: non altererebbe l'equilibrio tra animali e non provocherebbe alcun danno ecologico, evitando un milione di morti all'anno. Il peggio del cosmo.

(Zanzare 3 - senza risposta)

***

Finito di stampare nel mese di Giugno 2015
per conto di Youcanprint *Self - Publishing*